엄마야 2

박송희 일곱 번째 시집

엄마야 2

세종문화사

〈머리말〉

어미 되어 부르는 어머니

어머니 생전 그쯤 이 세월
뜨겁게 스미는 그 쓸쓸
그래서 그랬을 내 어머니
백지 가슴

텅 빈 거미 속
잃은 것 잊으시라 했더니
누름돌 토하시던 오열
진땀 젖은 유산 몫몫이 건네지 못해

그리도 허망해하시던 체념
한 생애 당신 위해 다 쓰시지
대꾸하던 딸네를
먼 하늘에 구름 보듯

추석 끝에 기우는 달
이지러지듯
삶의 뒷설거지
그 맘 아니시어 짓던

마지막 울음을
얼마나 성글게 헤고 있는지
별빛 꾸지람
주섬주섬 얼굴 묻는

여물지 못한 늙마 탯덩이
지칠 줄 모르는 그리움
그래도 밤길 밝히는 별
오늘도 엄마야 저 별빛

차례

머리말 ·· 4

제1부 천상의 메아리

홍살문 ·· 10
어미 유적 ·· 12
계절 내음 ·· 14
어머니는요 ·· 15
온기 ·· 16
맥락 ·· 17
아메바 ·· 18
안타까움 ·· 19
특별 활동 ·· 20
때론 ·· 21
잃어버린 배꼽 ·· 22
영혼의 통증 ·· 23
새 옷 ·· 24
엄마 꽃 하늘 ·· 26
흐름 ·· 27
어미그루 ·· 28

제2부 목의 가시

추억의 둘레 ·· 30
알던 것 지우기 ·· 31
아픔 ·· 32
속 안 속 ·· 33
목의 가시 ·· 34
안부 ·· 36
먼 그리움 ·· 37
너를 ·· 38
노출증 ·· 40
결국 ·· 41
귓속 세계 ·· 42
낱알 쥐고 ·· 44
딸내미 ·· 46
얻고 잃는 ·· 47
묻고 싶습니다 ·· 48

제3부 애愛 세월 애앓이

노을에 걸터앉아 ·· 50
어미 ·· 52
거울 속으로 ·· 53
그 자리 ·· 54
애자명줄 ·· 56
애愛 세월 애앓이 ·· 58
껍데기 ·· 59
낳고 앓고 ·· 60
멋대로 ·· 61
야릇 ·· 62
엄마 ·· 63
곳곳에 ·· 64
이 꽃이 지고 나면 ·· 66
꽃 피듯 ·· 68

제4부 두리 하님

객물 ·· 70
씨앗의 혼 ·· 71
무면허 질주 ·· 72
어머니 꽃깃 ·· 73
두리하님 ·· 74
있다면 ·· 76
설맞이 ·· 77
앓던 엄마 ·· 78
새 생일 ·· 79
솔깃 솔깃 ·· 80
저녁 까치 ·· 81
그 이름 ·· 82
만남의 자락 ·· 84
늘 ·· 86
방심放心 ·· 87
둥글둥글 ·· 88

제5부 재롱 끝자락

시간 일주 ·· 90
강폭을 강안이 ·· 92
눈을 뜨니 ·· 93
이제야 ·· 94
구름은 ·· 96
말미암아 ·· 98
그저 저 하늘 ·· 100
설빔 ·· 101
헛고백 ·· 102
찰떡같더니 ·· 104
혼자일 때 ·· 106
재롱 끝자락 ·· 108
간절 ·· 109
그 등燈 ·· 110
숲의 숲 ·· 111
봄 여울 ·· 112

제6부 귀걸이 영상

빛의 이름 ·· 114
네 있어 ·· 116
호사 ·· 117
그 이름 2 ·· 118
흔들어도 ·· 119
눈물 나다 ·· 120
가뭄에 콩 싹 ·· 121
나도야 ·· 122
대롱대롱 ·· 123
허발지게 ·· 124
돌연 ·· 126
속절 ·· 128
귀걸이 영상 ·· 130
달리던 택시 ·· 132
고백 ·· 133
대문 앞 ·· 134

해설

물활론적 애니미즘의
시 정신 ·· 136

제1부
천상의 메아리

홍살문

울음 참아 쌓인 세월
돌비석에 새겼는가
생전 갈퀴손
자식 견장에 벼슬 달아 준
일생 두 몫을
청상의 멍에 한 생애 견줄
그 무엇 있던가

하나 자식 열 삼았다는
주섬주섬 모은 이 끄덩이 저 끄덩이
오롯이 우뚝하여
온갖 시름 동백꽃술 남겨 두고
홀연히 떠나
동구 밖 홍살문에 걸터앉아
아직도 기린 목 그대로 섰구나

별길 달길
행여 그림자라도 오갈까
귀도 말발굽
눈도 천리안
이슬이 대신하는 눈물 한 방울로
살아 번뇌 죽어 해탈
삭인 아픔을

아마도 오가는 길목 꼬불꼬불
놓인 뵙
잊은 듯 떠난 듯
바람이오 새 울음
별뉘오 태양
옮을 털어 지은 웃음
새끼 가슴 덥히는 동구 밖 청지기

어미 유적

버들개지 휘날리는 젖 내음
북극성 할배도 힐끔 역성드는
생명의 뜀박질 하늘에 걸렸다

마고할매 치마폭 헐레벌떡

삼신할매 첫국 사발
친정어미 떠받드는 치다꺼리
채우고 갈아주는 마디마디 손도장
태초의 유적 답사 숨구멍 섭렵한다

태반방석 쪼글치고 이은 배꼽
배 속 생명 어미 자식
눈감아 모르는가
알고도 잊었는가

어미 유적 답사 젖가슴 더듬이

열 달 태반동굴 벗어나
스스로 어미 되어 가는 같은 길이라도
다른 세상 춤추는 여기

걸음걸음 순례길
모성의 꼭두잡이
솜할매 딸의 딸내
벗겨도 입혀도 속속들이 한 여울

어미 생애 붙들고 늘어진
울음 반 웃음 반
찔끔찔끔 뿌려 덮는 유적 답사
절절매는 흉내

계절 내음

나서지 않아도 창밖
빛발로 멍석 깔고
뛰란다
뒹굴란다

뒤란 텃밭, 상추 쑥갓
사계 맛깔 후끈거린다
강아지풀 흔들리는 꽃반지
풀벌레 발장단 춤추던 날

철없이 이는 꽃대 바람
오색 여울 물드는 보조개
맨발로 달리던 꽃멍석이었지

이별 놓고 기약 거는 계절
번번이 취하고 젖어도
불현듯 부뚜막 내음
고사떡 김 오르는 구수한 시루 아득한 부엌
젖은 행주치마 바쁘기 한창이다

어머니는요

아직도 말귀 어두운 마무리
곁 하시는 배려 가슴에 안긴다

툭하면 부르는 이름
떠나 아니 계셔도 이 생전 그대로
자장노래 아련하다

눈빛 어린 회초리
어려울 때마다
파도를 가르는 말씀 말씀들
어머니 뱃머리 알짱거린다

쩌든 허리 괜찮다 곧추세워
비집는 애틋
비스듬히 흔드시던 손가락
어깨 너머 시름 모두 어디에 숨겼을까

늙마 딸애 치르는 도린곁 지켜 선
하늘빛 구름놀이

온기

천년 느티 그늘이다
비단 베갯잇 오뉴월 모란
하늬바람 소맷자락 사뿐히
콧등에 잠자리 바람결이다

새끼는 잊어도
세상 끝자락 어느 벼랑
구르는 꽃 울음 막을까
어미는 맡는 새끼 내음

태아 적 골수
어디에도 닿아
입안의 혀 사르르
엄마 눈씨다

세상 무엇 있어 이 후광 에울까
새끼 어미 두어
잇고 잇는 생명의 씨 밭
억겁 발아를

맥락

한 넝쿨
한줄기로 뻗는
호박꽃 서리 내릴 때까지
수수하게 숨어 여는 청둥호박

네가
그렇고
우리가 그래서
수십 해 어제같이
나뉘는 도르래 오르막 내리막

좁다란 길목 지천으로 깔린
웃음빛 울음 둠벙
가슴속 맥락
땅굴 속 굼벵이 씨름
길라잡이 빛살에 어리는
할머니 외손녀

아메바

하늘빛 동굴 시력
비로소 아메바 탯줄 잇는
촉수

그 억만 겁
나로 비롯
티끌의 비명

하늘로 쏘아 올린 파장
떨군 자리 각인한다

뜨고 지는 해와 달
알알한 용천이
백회의 축을 돌고 돈다

태초의 모성 불꽃 기염
여성이라는 어머니

안타까움

달빛 에워 청지기 자청
이불자락 만지작만지작
인생을 이르시던 음성 그대로
생전의 물결 인다

나이 들수록 애 노릇
어머니 생각 파릇파릇
달빛 젖어 오르는 그리움
휘영청 팔 벌려 눈빛 섞는다

밤빛 언어 하늘의 말
아니 계신 세상 어머니
별 뿌리고 달 띄우고
이 생전 미더운 곁 그 별

특별 활동

세상눈으로는
티끌
제 눈으로는
온 우주

지극한 평이平易
일상이 내리는
세상 낱알

크게 뜨고 작게
작게 뜨고 크게 보여 와
뭇 생명 여로
문어귀 첫발이다

세상에 던져진 까닭을
아득히 내려보는
간추린 언어
엄마별 박힌 하늘

때론

신도 울상 짓던 울적
이승의 숙업 안타까워
벗겨 가는 시간

떠날 것 같지 않던 엄마도
끝내 매듭 풀어 훌쩍
안겨 간 빗방울

하늘로 보내는 눈씨
때때로 흘리는 빗물이
뜨거울 땐 엄마 눈물이겠지

잃어버린 배꼽

오 남매 터울받이
무명천 위에 무명실로 동여맨
연월일시 새김에
얹힌 배꼽 다섯 개 중 내 것 하나

시집올 때 꼭 쥐여 주셨지
나는 했네
두 사내 아들 장가들 적에
내 엄마씨 그대로
그러나 시큰둥

문서에 현찰만 하랴
난 잃어버렸지
엄마 꼭지 마른 배꼽
딸애 없냐 물으시던 비몽사몽
내 엄마씨 속내 수도 없이
헤이며 잃어버린 배꼽앓이

통렬한 자리
어미앓이 딸내미앓이

영혼의 통증

설산에 오르면 바람도 하얗다
밟아도 산은 산 높이
구름은 가까워 신의 거처에 머문
영혼의 아픔 눈가루 수행한다

하늘을 비집는 언 별
신들의 안방에 헐떡이는 배낭객
다시 땅을 밟으면
영혼의 통증 내려놓고

오르지 않아
보지 못한 신의 눈빛을
가슴에 피우며 살아 볼 다짐
헛된 것 다 내려놓고 휘발시켜

어디에도 티 없을 바람의 물결 되라
맡겨 좋을 영혼앓이
양수 유영 미흡한 꼬물꼬물
그때로

새 옷

엄마아!
활짝 열고 웃음 가득 반기던 까꿍
–에그!
음매음매 언제 끝낼 거냐–
딸애 흉내 잘도 내셨지

그때는 엄마 아니 계실 줄 까맣게
몰라
깡마른 몸에서 피어나던 꽃 같던 음성
얘 예쁘다 그 옷
냉큼 벗어 나눠 입던

딸애 옷
재봉틀 앞
엄마는 숨겼던 여자 맵시 내며
훌륭하다 웃으시던 모습
바늘 꽂히는 아픔 통렬하다

수의 한 벌 입혀 드린
그 새 옷
-미리 준비하면 오래 사신데요-
오동나무 상자 속 베옷 물끄러미

흐릿한 정신 너머
얘는!!
서운한 눈시울 역력하시던

내 생애 가장 잘못한
새 옷 마련
그걸 입고
하늘 가셨다오

엄마 꽃 하늘

엄마는 꽃이야
아이는 벌과 나비지
맘대로 꿀 따 먹고
날아들 갔지

앉은자리 그대로
꽃 모자 썼다 벗었다
기다림 활짝 핀 꿀단지
철철이 꽃 마당

붙박인 그 자리 방긋 웃고 맞는
꽃
엄마의 뜨락
하늘 가시어도 꽃구름이다

엄마는 몰래 울고
시들어도 웃는 꽃
어쩌면 희극배우
웃고만 있었지 요즘 말, 웃픈 언어로

흐름

음악이 시간을 녹일 때
시간은 세월을 삭힌다

사랑이 부실 때
마음을 빼앗기고도 주었다 하지

아이가 클 때
어버이 늙는다 알았을까

남아도는 아쉬움
꽃깃 날아 어디로 간 줄 누가 알까

흐른 물 찾을 수 없듯
사라진 새소리 구름이 꿀꺽하고

가신 당신님
하늘에 묻혀

비가 될라 눈이 될라
그리움 뒤덮고 저물었다 깨었다

어미그루

끝내 홀로 뻗을 자리에
독차지할 헐거운 갈래
여기 한 모금 저기 한 숟갈

뿌리 밑 굼벵이 우화할 때까지
사철 품은 매듭
기어오른 고목의 껍데기에 묶인 허물
침묵으로 외친다

눈시울에 땀띠가 나도록 뒤흔들고
퍼붓던 뜨거움
짝꿍에 눈 맞추면

뿌리 다시 품는 굼벵이 유전자
세상 빛 눈뜨는 어미 품 온돌
사계는 언제나 제철이었지

제2부
목의 가시

추억의 둘레

가을 물살로 익반죽
송편 솔잎 익는 냄새 대청마루 한가득하다
엄마 손도장 할머니 구수한 입담을
둥굴려 꼭 눌러 채우던 송편

빈 거실 가득 모인 눈동자
켜켜 송편 시루, 부침개 시끌벅적
말썽이 절반이던 재재보살
그 체취 기억으로 맛보는 여기

그때 그 품 안 모두 있던 입김
홀로 되어 우두커니
토란국 끓는 내음
코끝 시린 그리운 떠들썩

달보다 둥글던 온 가족 체취
쓸쓸로 말아 마시는 공원 자락
높다란 아파트 공중살이
그래도 가깝지 않은 어매 할매
하늘 둘레길

알던 것 지우기

읍소하는 소복의 백발
소진된 기억의 끄나풀
잿더미에 파르르 묻는 손끝

전생 같은 이승
이승 같을 내세
훨훨 불붙는 날에

별빛 태반
지켜 선 한마디
어머니

아픔

흔들리며 앓는다
저 느티나무

이마에 얹힌 연륜의 무게
온갖 신음 가벼이
반쯤 헐려 나간 허리 기둥
붕대 삼은 푸른 이끼

발톱이 움킨 천년 살이 휘젓는
올봄 연둣빛 단청
구름에 뜬 물살 아닌 척
철썩이는 엄니 속내 귀를 모은다

소리쳐도 들리지 않던 음성
이명으로 남아
찌르레기 우짖는가

차창 밖 흔들던 손길
영별 예감 감추던 엉엉
그 눈빛

속 안 속

인생이 태어나는
자궁 속
아가의 성역

천지조화를 부린다
겉으로 드러나기까지
안속의 속씨름

깊숙한 밀어
소리 운율
웃고 운다

내 낳은 새끼 속
어미 신음
죽기 살기 노란 진통 어딜 갔나

속 주고
속 모르는
내 것 없는 내 것을

목의 가시

이젠 다 털린 세월
익숙하다 해도
낯선 시간의 얼굴

떨쳐 구기던 억지
엉킨 실타래 술술 풀어
내려 보는 구름 몸짓

마알간 송사리 떼 길을 열듯
흘러간 물살은 지금 쪽빛 바다
속풀이도 멍이 들었다

시간을 박제해도 초침은 가고
추억은 만날 수 없는 그림자
그리움은 미래다

만날 내일에 거는
지금이 잉태한 궁금은
이미 방금이 눈치껏
하나쯤은

한숨 할매 영등 같이 마련했으련
지금 치른 방금
기적의 빛 되어
기다림을 안고 섰겠지

안부

쫙 깔린 거실 햇살
화사하고 예리하다
손톱 밑 절제
방금 왔는데 금방 날았다

마른 숲 메운 암팡진 햇살
밤빛 잊은 하늘 펄럭이는
둥둥 구름 밀치는 바람의 일상

하루의 보폭 맴을 도는 눈동자
볼우물 깊숙이 봄을 재는 엄마 미소

바람이 채우는 속삭임
어젯밤 해몽
젊을 때 엄마로 가득하다

먼 그리움

쏟아져 내리는 적막
밤은 언제나 같은 빛으로
오고 또 그렇게 떠납니다

밤하늘 별이 된
엄마별 언니별 곱던 친구별
꺼내 보고 보아도 먼 빛
차라리 별이 되어 함께이고 싶어
눈감고 헵니다

이별도 필연이라지만
마음 달리는 그리움은
떠난 밤 다시 오듯
살았을 적 그대로 만날 수만 있다면
꿈꾸는 동화 속 동공을 거닙니다

너를

너희 있어 어느 곁도
눈멀었던 겹겹 세월
기억이 걸어와
벌 떼처럼 빨랫줄에 흔들려
날카롭게 춤추는 솜털

오사바사 한세상 즐겁더니
달아난 세상
그래 너희만 웃으면 무슨 대수랴
가뭄의 콩 싹 물주기
외려 반가운 무소식

애간장 녹이는 궂은 파발
신이 대신 보냈다더니
신도 힘겨워 도망질했나

이미 기억 밖 시든 어미
잊고 지샌 텅 빈 세월
꿈이 살던 식은 불길 풀무질하나
밤이슬도 주워 담지 못하는
뭇별의 부스러기다

바위를 씹던 어미 누름돌
천작의 굴렁쇠
그도 싱거운 여기
눈물도 비웃음
빎의 합장만 애달파

노출증

풀어헤친 무의식
허리춤에 일렁이는 흥겨움
티끌에 뜬다

사랑이 주성분이라는 데야
기왕이면 햇발에 풀자
네 어린 알몸

내 건너온
다리 밑에 푸른 물결
떠난 후에

그 노출
그 무거운 물살 단숨에 안고
앞 물결 흉내 뒤 물결

비릿한 내음 파릇한 배냇 딱지
말 없는 기억의 유전자 알몸

어미 속은 뒤집어도 안팎이 벌겋다

결국

벗어날 수 없는 범람
나였지
고프고, 애타서 궁금증 탐방
풋상상 울타리 어절씨구

겅중겅중 들었다 놨다
저울 없는 제 무게 달기
엄마도 야멸차게 던진 몫
알아서 알아서 해라
뜻대로 놓아 버린 나를

이제야 보려
기다린 긴 그리움 더듬기 하는
아득한 나의 발견
나는 내 만남을 위한 여정을 헨다
얘야, 부를 엄마
꼬부랑 하늘길

귓속 세계

때론 바다의 햇덩이
또는 어느 고도의 구름
귀이개 보채는 소리까지 상차림 한다

울음도 웃음도
강아지도 호랑이도 함께한다

엄마도 아가도
할매 할배도
층층시하 살림을 한다

청자 굽는 귓속 세상
장작 가마 불살 곁
양수놀이 파도를 친다

귓바퀴 수레바퀴
지구가 돌고 태양은 달을 적신다
별이 계절을 이끄는 소리
꽃 지고 낙엽 지면 떨켜 모자 귓속말

겨울잠 벗는 잎샘 바람 자지러질 때
북두 밤샘 떨구는 이슬 파장
세이레 귀뜨기 귀울림 비밀
어미 귀는 우주의 창고다

***세이레:** 삼 주(21일)

낱알 쥐고

베어 물고
잃은 기운 쓰게 씹는
다크 초콜릿

이 몸 뉘 것일까
칭얼칭얼 여기저기
청구서 발부한다

이 몸 내 것이람 맘대로겠지만
아주 딴청이다
단짝 하여 지내자 달래도

구시렁구시렁
호소문 날아든다
생로병사 알고 가는 걸

곱게나 데려가지
망가져야 아깝지 않아
내다 버리기 쉽다시던

엄마씨 말씀
그땐 우스개 괜한 걸로 치부한
이제 피 울음 비네

하늘에 걸린 그 맘
뜬구름이 인생이라 이르시더니
푸른 하늘 당신님 날 보시는구려

하염없던 먼 눈길
이 맘 같았으리
한 줄 긋고 이어 보는 곳

낱알 한 줌도 족해
공空을 차고 허虛에 넣는
어리석음

딸내미

나 없었지 빛 모를
아메바의 율동
섬광 쪼개 눈 맞출 때

핏빛 생명의 이름으로
뼈를 심고 살을 붙여
꼬물 꼼지락

배꼽에 젖줄 잇고 길러 낸
발톱에서 머리털까지

열 달 벼른 세상을 향해
시도한 세상 문

삼신할매 밀어 던진 몽고반점
얻어 찍고
외마디 응수

여기는 아픈 사바!
하늘에 별이 될 때까지
엄마야

얻고 잃는

야생의 바다
부릅뜬 한나절
얻고 잃는 곤고한 노고
끌어올리는 시간 줍기
오롯한 상상의 구름밭이다

한 생애 뒤돌아 부끄럼 없기를
산 듯 살아라
너희만은

해도 켜고
별도 댕겨
만삭의 달맞이 만끽이라도

깨달음은 굼벵이
얻고 못 갖추는 얼간이

받은 세상 귓불 닳는 어버이 일컬음
올곧은 세상 보기
사랑 말 아른아른

묻고 싶습니다

하루도 혼자
이틀도 홀로 팽이 치는 종종걸음

엄마 부름 사무치는 까닭 깨우쳐 주세요
몰아친 속절 질척이는
삶의 여울

쩌든 자식 걱정
카네이션 오월의 하늘
다 엄마 눈빛이랍니다

날 낳은 엄마 속 묻는
이 세월
넌 네 아들 왜 두었니 하시겠지

제3부
애愛 세월 애앓이

노을에 걸터앉아

숲을 헤치는 불빛
그늘진 신록
이내에 젖어 든다

재잘재잘 동요 같은
아이들 운율
어미 재촉 몰라라

어느 때나 그래서
애 어른 딴 세상
같은 울타리다

물끄러미 빠져드는
유년의 엄니 저녁상
꿀맛 같더니

끼니 놓치면 아니 된다
엄니 성화 서두르는 귓불
어둠을 업고

수문장 젖히는 숫자판
그리움 냉큼 뛰어와
숭늉 기억 편승을 한다

이 저녁
머릿속 입맛
화덕에 지피던 엄니 흉내

어미

피로 빚고
뼈로 세워
까맣게 잊은
여인 청춘

사랑 떨기 차지게
뵘으로 모아 간다
문득 어깨 너머 단풍 숲
노을 따라 멀어진 날

허허로운 언덕
휘날리던 치맛자락
마른 장작 구겨진 살갖이다

못 미치는 눈바라기
오지 않을 기다림
펑펑 쌓는 무소식 희소식
그 숙명

거울 속으로

찍고 바르는 거울 옆
엄니 말씀
이순耳順 딸내미도 마냥 젖먹이
구구절절 마르지 않는
칭찬으로
쓰다듬던 하얀 미소 거울에 뜬다

오 남매 늙도록 지켜
등대 노릇
닳고 닳아도 꼿꼿이
할 말 모두 소꿉같이 담아내던
쓰라린 쓸쓸

오롯이 한몫으로 살라
간절한 음성 영원 길 손잡고
하늘로 닿아
눈비 오시는 길목에
여전 지켜 섰을 별빛
빙긋 거울 닦는가

그 자리

일찌감치 두고 온 땀범벅
그 푸르름
실뿌리 움켜쥐고
새끼손가락 꼬집는다

창창한 보폭에 흩뿌리던 무작정
고사리 손잡고 뛰어오르던
올챙이 적 해외살이였지

불현듯 화경 속 꽃주름 터널
사뭇 다른 시간 이동
망팔의 언덕에 올라 쓸어내리는
편린의 조각 허공을 젓는다

이 내음
이 소음
깎인 둔덕
콧대 높은 그림자 눕히고 세우며

치쌓던 그 내일 훌쩍
회색빛 싱거운 울음 축축한 더듬이
무상의 곳 서성이는 양면산 타이페이
젖먹이 적 어미 푸른 꿈 가슴속 노을이 짙다

(타이페이 양면산에서)

애자명줄

싱거운 전봇대 공중 탯줄 잇고
번갯불 나른다
지붕 아래 대들보 서까래
애자 배꼽
타고 내리는 백열등 빛 싸라기
아득히 먼 발전소 태반의 빛줄

실핏줄 풀어 명줄 잇고
뻗어 비추는 대청마루에
동그랗게 모여 앉아
바깥 얘기 잔잔히 나누는 저녁
입가심 재재보살 눈빛 별빛

형님 아우 오랭이 조랭이
귓불 모아 섞는 신통방통 신바람
칭칭 애잣줄에서 풀어져
이십 촉 가슴 젖히는 눈 밝은 촉수다

등잔불 씻어 낸 새 세상
솜할매 헤식 눈시울 비비는 시절
애잣빛 하얀 웃음

얘들아
전깃값 오른다
어서들 자요
어버이 자장말 어디에 있을까

애愛 세월 애앓이

얻은 세월 몽땅 한 줌
달게 털어 넣고
들볶이는 뜨거운 가마솥

말하면 가볍고
누르면 날아오르고
앉히면 솟구치는 버릇

붙이고 떼는 못질
안 것 모르게 하기
그걸 못 배워

애愛타령
애물탕 졸아든 단내

흐린 하늘 실눈 뜨고 내어 건
어깨 너머 볕뉘 알짱알짱

어릴 적 비틀걸음일라
부리나케 도지는 이 버릇

껍데기

기도의 눈으로 지켜 섰던 물잠자리
작은 몸짓 파문 지르고
자지러지게 춤추는 천 개의 그림자

자갈 업고 도사리는 다슬기
행여 구름에 잡힐까
스스로 갇힌 패각 속
날 잡아 봐라 물살 팽이 친다

모래사장 이빨 빠진 희멀건 웃음
잘려 나간 산자락 부여잡고
우렁 어미 빈속 채우는
바람

애간장 다 내어 새끼 배 채우고
거덜 난 껍데기

낳고 앓고

세월이 흔드는 요란한 요령

뛰고 날고
하늘이 얕다더니
내미는 사랑 바닥짐

날마다 생일 삼는 무게
덜어 내는 싱거운 재미
엄마씨 텅 빈 물끄럼 어린다

뼛속으로 헤는
나목의 언 입
빈 바람에 흔들리는 갈증

애꿎다
무슨 세월 불러 아뢸까

멋대로

뒷걸음칠라
귓바퀴 헐도록 차곡차곡
솜털 키운 울력

생각 밖 재롱 만발한다
못 헨 그들 세상 흩뿌려
감당 먼 이 짓 저 짓
저절로 별천지 관객석에 얹혔다

어버이 짐 아쉬움
치켜든 냉골
허덕허덕 구부정
한답시고 밀어 넣은 홑 주머니

켜켜 세상
어미 품은 한 뼘
핏빛 증발 하늘 바람 걷잡을까

둠벙 울음 바람에 말리는
눈시울 베갯속 젖은 외길
뜨겁게 보듬는 주름 손

야릇

믿지
남들이 부르는 할머니
내 어머니 아니라고

모두는 젊은 노모를 두었지
무엇이든 다 해 주던 신바람
견줄 것 없던
어미 노릇 시절로

꼬부라져도 휘어도 세워 둔
앞마당 바지랑대
꾸중도 칭찬도 휘날리던 빨랫줄

그 생전에 어이 알았을까
북망산 할미꽃 자줏빛 울음을
몰라서 살고 몰라 떠난
이 야릇

엄마

받은 적도
가르쳐 준 일도 없다
그저 부르고
불린 천륜의 낙관이다

어미는 엄마일 뿐
만만한 껍데기
빼고 빼내 세상 다 준 이름
천만 웃음빛이 되어 뛰는 심장이다

누구나 있어도
단 하나
태양을 바꿔도 바뀌지 않는
핏덩이 증언

곳곳에

몰랐지 정말
한 생애 마디마디 여민
곳곳에 엄마 눈동자

무엇으로 빚어서
떠오르고 숨고
마음보다 잽쌀까

빛으로 감싸고
말 못 할 가슴속 궁흡
귀띔한다

감아도 떠도 한 생각
엄마는 날 낳고도
네 속 모른다더니
모르는 게 없이 알면서

구석구석
생긴 대로 받아 키운
밂의 억수

줄지 않는 샘
눈 속의 눈
빛 속의 빛

이 꽃이 지고 나면

산모롱이 꽃동굴
겹겹 비밀 토설로
꽃숲이 소스라친다

바람이 말을 걸어
벗이 생기면 향기로 말하고
빛깔로 손짓한다
산도 들도 화연에 취했다

산하가 봄볕
파란 하늘도 푸른 꽃밭

한 떨기 꽃이 된
나도야 꽃빛
꽃 내음

이 꽃이 지고 나면
아마도 구름꽃 피워
바람을 몰고 어느 연지에 앉아

이승의 지금을 되씹겠지
바람이 되고 싶은 날
엄마 생각 훨훨

꽃 피듯

맴을 도는 유년의 나들목
생각이 집을 짓고
고운 이들 아른아른 모여와
철길 따라 여정을 떠난다

엄마 걱정 아버지 칭찬은 건넛방 차지
안방 할머니 헛기침 팔베개 아랫목에 눕고
홍아 숙이는 고샅 동화 속 소꿉놀이
박꽃 속에 얼굴 묻는 달빛이 아련하다

천만 엄마 얼굴
빛 되어 더듬는 속속
슬픔은 데려가고 기쁨은 자식 것 만들어
지긋이 밀어 넣던 엄마 주름

그 길목 울고불던 아직도 계신 듯
구름이 웃네
해가 가르치네
바람이 싣고 그리는 온종일 그 얼굴

제4부
두리하님

객물

하던 대로 해라
되지도 않을 헛김 꾸중 내린다
빗가는 딴청

보다 못해 내리는
쓴 말씀
객물에 허덕여 봤자
구정물만 들이킨다고 하시던 엄니

허구한 날 어린 나날들
세월이 비웃는 오만상
알 듯도 하여서

씨앗의 혼

맺히면 떨구는
혼 뿌리기
바란 적 없대도 올려본 걸

혼의 무게 땅이 달기 한다
무엇이 될까
믿어라 뻗어라

씨앗의 활갯짓 하늘이 내리고
뿌리가 받아 땅이 키운
어미 노릇

하늘이 땅을 신처럼 안다
한가로운 믿음일까
맡김일까

무면허 질주

어제가 지워 버린 무발급 자격증
오늘 하는 재신청 날로 미흡한 내역
딱지 맞고 의연하게 다시 누비는 시도다

삶에게 누가 낙관 찍었나
허공에 던진 울음 한 방울
일생 우려 마신 염치 불고
날마다 엄마야
어제 같지 않은 눈빛 하루 살기
눈결에 사라진다

무면허 질주
들킬까 비켜 도는 잽싼 눈치
너덜길 돌길 쌓고
뭇 재주 씨름판 배꼽 떨군 뱃심
냅다 뻐기며 믿으라 내 세상

시시덕 내미는 뱃구레 한 장
네가 만든 그 어미

어머니 꽃깃

겹겹 싸고 여민 꽃깃
활짝 웃어도
속속 빈 속
속없이 함박 웃는 엄니 속
흰서리 덮어쓴 날
그 시린 속내 보았어라

하늘빛 푸른 오월의
빛 고운 비단보
구름 속 그리움
카네이션 붉은 꽃깃
아픈 이유
감추고 감춘 시름 속 갇힌 가슴

그저 엄마로 묶어
빈 줄 보았어도
채울 길 없는 부름뿐으로
카네이션 한 다발
흥건하게 차오르는 가슴 꽃
하얀 울음

두리하님

청첩을 찍고
어른 준비 젊은 살림
사랑집 차린다
그 하나로 세상을 다 살 것처럼
완벽한 설렘 사랑만으로 살겠단다

예사롭던 자잘한 큰 일거리
사랑 타령 때리는 일깨움
이내 벅찬 시작 새살림 어렵단다

자식 투정 미리 헤기
친정, 시댁
지레 뛰어드는 사랑 참견
언제 어른 되나
손자 손녀 도맡아 도우미
아예 동거도 거침없다

현대판 두리하님 두 집 입살 뻔질나다
어른 노릇 어른이 그르치며
요즘 젊은이들 흉허물 떠네
자라날 틈 역성으로 자청하고
힘겹다 죽는시늉

두리하님 어쩌자고 월권 타령했나
몫을 잃은 나이만 어른
잃어버린 영혼의 근육
시든 꼰대 방아질
뉘 탓일까

있다면

아픔이야 딛고 서면
승부를 건 내일
보다 나은 기대
엄마의 기도처럼

모두는 간다
촉촉한 영혼의 이슬방울
아픔이 성숙할 때 모두
나이테를 두른다
주름 결에 미소를 깐다

사는 건
하늘의 뜻 그리움
받아 쥐고 나온 숙업이다
오늘같이 기꺼운
내일 지킬 수 있다면
이렇게 지금으로

설맞이

어제 세운 입춘
까치설날 퍼덕퍼덕
우리 설날 햇살로 꽂혔다

색동 설빔
새 댕기 귀밑머리 곱게 땋아
새 신발 나비 나래
세뱃돈 살찌우던 비단 주머니

의젓이 챙겨 넣던 나이 한 살
따스하게 넙죽넙죽 동네 한 바퀴
이젠 쪼글 주머니래도
설 차림 어릴 적 엄니 손길
동트는 설렘 동창은 그대로 뽀송하다

앓던 엄마

열고
들어서는 바람 사이로
하늘이 들랑날랑
절기를 좇고 맞이한다
하늘도 나이 들고

몸이 마음을 키웠는가 했더니
그건 아니었나!
아프도록 고운 엄니 맘
하늘에 계시어 햇살 부신
눈시울 뜨겁다 핑계한다

새 생일

눈 뜨면 내세 삼고
코앞 미구 낯익히기
별자리 더듬더듬
갇힌 생애 젖혀 젖혀
밤낮 하루 쏘아붙인 쏜살이다

기다림의 고갯마루
여길까
거길까
궁금증도 길을 닦는
아무도 말 못 하는 그 길

어미는 낳고 바라보는 먼 성장통
바위도 모래사장
태풍도 실바람

뇌성 번개 고쳐 잡던
꿈길 초원
살갑게 살갑게

솔깃 솔깃

바람의 말 엄마 계시어
수수하고 싱거운 구름 얼굴
때론 바다
혹은 작은 섬

해 익어 엄마 생전 세월
솔깃한 이 얘기 저 얘기
갈수록 도타워

바람결에 소스라치고
햇볕에 쏟아지는 타이름
이제야 말귀 끄덕끄덕
두 볼 닦는 옷소매

아니 계시어도 혼자 아닌
품 안
솔깃 솔깃 접은 가슴
풀 먹이는 그 꼿꼿

저녁 까치

한나절 따로 본 세상눈
숲이 온통 수다를 떤다
도대체 어딜 다녀왔기에
저 소란일까

둥지 밖 소식 날개에 품고
감싸는 포옹
다녀간 태양의 흔적
어둠 내려 코고는 산코숭이

느직한 귀가라도 간절해
입이 닳도록 쪼아대는
어미 새 깊도록 헛기침

별밤이 놓는 등대
가출 시도 막둥이
어느 둥지에 코를 박았나

그 이름

차마 마음 놓아 부를 수 있을까
살수록 민망하여
외칠수록 기어드는 목울대

하늘일까 바다일까
망아지, 청개구리
그게 자식네 속이라시더니

어미 된 지 반백 넘어도
그 뜻 헤이지 못해

거미줄 너머 터럭의 뿌리
달무리 휘젓는다

녹아내린 미소의 뒷자락
구름이 그리는
이승의 메아리

젖 내음 땀 내음
노을빛 아련한 체취
마디마디 웃음 속 근심이었지

엄마 자리
엄마 숙명
엄마 이름 곰삭히는 저 하늘빛

만남의 자락
- 하와이 허리춤 -

이따금 톡톡 튀는 문자
그걸로 지구 뒤편을 당겨 놓다가
명동에서 막내네 온 가족
눈 시리게 반겼다

오래여도 여전한 혈육의 안방
표정도 말씨에 어린 음성도 넘치게
대청마루 발자국으로 안긴다
오사바사 조잘대던 화초밭 햇살

어머니 음성도 둥글둥글
물결치듯 밀고 달리는 세월
헌 시간 바뀌는 여울목에서

개미허리네 작은딸과 막내가
손자 내외 딸네 둘 손녀사위 증손자
아기자기 숱한 눈 속말
싱긋벙긋 거드셨겠지

만나 기쁜 이 순간 하와이 허리춤
터울받이 전부다
살아 쓸어안는 꽃맺이
이토록 세상이 아름다운 걸

늘

마구 생각이 솟고
맘속 소리 들리는
심장의 요동

구름이 가는 대로
세상 만물 그리는
드넓은 화폭이다

아쉬움 구르는
파란 하늘 그 자리
빛의 파동 하염없이 날아

그리움의 둥지
멀어도 미더운
가슴속 엄마 생각

거기 있기로 여투는
오지항아리
여백

방심 放心

고삐 풀린 망아지
어미 뿔 채찍에
아차 놓고 안긴 순간이다

수습은 도주하고
쫓기는 추적
안달복달 빈 절구질

쥐구멍에 머리 박고
볼기 치는 바람 짓

살 때까지는 무작정 질주다
코앞 천 리
잘난 체가 웬 말

콧대 죽은 오만
방심에 달린 천리마 줄행랑친다

두 주먹에 날달걀 쥔 듯 살아라
그 음성
엄마는 참말만 하셨지

둥글둥글

새 생명 채어 헌 생명 채우는
까치 발톱에 걸린 꿈틀
새봄도 야속하여 숲도 부르르

새것 너머 야문 야망 헹구는 삶
놓이지 않은 길 후비는 억척
옮겨 딛고 다지는 어느 살핌이려니

이승의 버릇
저승에서도 물 묻은 손
먼 빛 잇고 내린 숙명의 동아줄

아마도 진정 그럴 게다
하늘 말 외는 어버이 시중 입고 덮는
여기는 아직 지금임에

높아도 머리털
낮아도 걸음걸음
깊어도 한 뼘 가슴속 운하

제5부
재롱 끝자락

시간 일주

춤추는 숲길
순전한 꽃깃이려니
태양이 구름을 멀리 보내고
하늘로 뒤덮였다

다가선 먼 내일
내 안의 다양한 환절
어린 날 느껴 오는 오월의 포만
춤추는 동안은 유년이다

내 어릴 적 깨끗이 잊고
젊던 애어미 노릇
아이는 훌쩍 화살 꽂힌
먼 표적 거기 살아

이젠 혼자로 사는 나날이 수행이다
무딘 날 숫돌 앞에
일렁이는 그래도 부지런
남은 꿈 더디게 좇는다

어미 살이 일생 일주
할 일 많던 그 시절
이삭 줍는 햇살이
시간의 주머니를 채우고 있다

강폭을 강안이

어미 가슴 더듬더듬 응석받이
강폭
강안이 떠안고
신의 솜씨로 하늘도 채워 주고
별도 달도 따다 준다

품어도 품으려도
연신 손사래 으름장
목메어 부릍는 강기슭
헐어 간 무심한 상처다
강바람 흔드는
으악새 휘파람 벌써 떠남을 수용하는가

멀어 가는 물 사위
강폭과 강안의 사이

어쩌지 못할 물길 숙명
막무가내 어미 찾는 물여울
강폭은 강안을 믿어 자유로운 것을

눈을 뜨니

핸드폰을 연다
밤새 안녕을
때론 지구 저편에서
까꿍을 심어 놓기도 하고
뜻밖의 반가움도 동그랗게 아침을 기다린다

푸른 길몽 다녀간 향기
온갖 통증이 씻겨 간다
제 코가 석 자인 걸
무서운 고3 새벽 두 시 반 잠이나 자지
응원 화답 소상하다

깨밭에 주저앉아
한 생애 난전 펼친 부스러기를 털며

늙마 깨 타작 벅차오른다
눈 뜨고 바라보는 그네들 내일
돋을볕 내딛는 곳으로 눈 마중한다

이제야

무언의 임종
부르짖는 이름
엄마아

식지 않은 두 볼이 파르르 떨려도
닫혀 버린 차가운 입술
살아생전 애석 다아 포개 덮은 두 손
단전에 얹고

몰라 어찌 가랴던 초행길
멍에 문신 걸머지고
숨 쉬듯 그렇게 까막까치 깃
부여잡고 종이 인형같이 누웠어도

하얀 까치 손을 빌려
마지막 임종 수락하신
이승의 마지막 배려였지

뒤늦은 이 밤에야 그 임종 후려치는 절규
그 하염없을 사랑 발견
목멘 하늘에 고하는

여긴 아직 사바, 이리 뇝답니다
하늘 가득 내 어머니 맥박이 뛰어요

하얀 까치: 의사
까막까치: 저승사자

구름은

오월의 하늘에 하얀 카네이션
엄마 뜨락에 이슬 맺혔다

-어머 화분째 들고 왔네!-

다독이시던 빨강 카네이션
하늘이 여닫는 구름꽃
엄마 꽃 가슴 꽃

오월의 꽃 안개 두들기는
엄마 체취
웃음빛 담아내시던
사랑 만개

구름에 피는 바람 나래짓
그리움 밟아 해마다 빨갛다

어찌 구름 밑에 주름을 그을까
흰 머리털 휘날릴까
조곤조곤 달래시던
딸내미 아픔

-다 그렇단다 인생이 그래요
생각하니 그래도 웃고 산 날 많았지
너도 꼽아 봐요
얘 세월이 꽃이더라-

말미암아

여름 뙤약볕 아래
삭발당한 동자승
처연한 여기

찬밥 덩이 물 말아
맨밥도 진수성찬 삼던
툇마루 어미 생각

그믐도 만삭의 달처럼
환하게 떠오르는 얼굴
영문 모를 산사의 범패 소리

눈물 구르는 돌층계
계곡도 덩달아 우짖어
숲이 떨구는 울음이슬

날아간 머리털
경쇠 따라 흔드는 목탁
훗날 무엇이 될까

목어의 침묵 목젖만 히죽
먼 순례길 계곡의 콩자갈이
모래알 되도록 닳고 닳는 엄마 생각

그저 저 하늘

대기로 감싸여
멋없이 부리는 포옹의 무게다

수다 덜고 깊은 뜻 단답
높지 않은 낮은 음성
그걸 받아 그윽한
저 하늘 그쯤으로

영근 씨간장
세월 맛 장대높이뛰기
마음대로 높이 날아
하늘이 조율한다

가슴속 파수
심층의 전율 들썩이는 이명
나팔수 없이도 듣고 헤는
장거리 단축 정情의 체온

있어도 없듯
하늘 높이도 재는 엄마 맘 더 빨라
쏟아지는 빛줄기 미소

설빔

설레고 부풀던 슬하
결국 여기다

섣달그믐 바람 든 차돌
낮은 바람에 구르는 허깨비
헌 나이 껴안는다

누비진 실주름 숨죽은 허전
세월에 녹슨 군더더기
겹겹 걸친 무상의 골짜기

엄마 생각 설빔 삼는
아련한 그리움
아무리 낯설어도

너른 하늘 그 계신 미구
쭈글쭈글 싱거운 쪼락주머니
색동 앞섶 인두질 마감하실까

헛고백

누구나 말하지
내 새끼 발칙한 고백
첫사랑을

딸네는 아비라 하고
아들네는 어미라 하지
오로지 아빠 닮은
엄마 닮은

사탕발림
헛고백 늪에서
물불을 알까
아배 어매 신바람

가까운 훗날
아비는 딸에게
어미는 아들에게
파르르 휘날리는 솜털의 배반

이별의 간이역
붙잡고 뿌리치는 야릇
자리바꿈 애물 타령
사랑 타령

이별 천명
눈물 사막
그들의 결혼 행진곡

찰떡같더니

손 내밀고 엉덩이 빼며
푸짐하게 안기는 시늉
기필코 이뤄 줄 것 같던
재롱
그뿐이라는 걸 미리 알았을까

찰떡같던 아양 벗어 놓고
제법 제 살 궁리
아무려나 대견타 흐뭇해
잊고 멀어야 사는 머나먼 세계
유성우 퍼붓듯 아파하고

운석의 둠벙
뉘 있어 알까
제 속 비워 길러 낸 어미 거미
빈껍데기 새어나는 별빛
벼리에 거는 그래도 너야

배 속 빌어먹는 시금털털 아린 외침
메마른 득음살이
알몸 주전부리 그 계신
서산봉 벌겋게 부르텄다

혼자일 때

생각 사이로 밀물 일어
잠기는 쪽빛 파고波高
젖 먹던 기억 엄마 가슴
심장의 온도 터져 나간 비밀

아쉬움에 꺾이는 봉숭아빛 향기
오르내리던 언덕의 노래
객석을 메운 흰 구름
아직 벙싯거릴까

아카시 구기자 찔레꽃
참꽃 흐드러진 동산
시냇가 덤벙이던 맨발
모두 불러 강강술래 하잖다

혼자일 때 모여드는 여럿
참깨 볶는 가마솥
어디로 튈까

달 아래 꿈꾸는 달맞이꽃
팔베개 사이로
엄마는 그때 뭘 생각했을까
삼십 즈음 그 엄마

재롱 끝자락

엄마 꿈 뭉개던 빨랫줄 참새
혼자 보기 아깝다던
휘몰이 한마당 실려 간다

평발의 백지장 자국
움푹움푹 언덕길 무너질 듯
비듬한 미소

구름이 춤춘다
바람길 쓰레질
온갖 근심 가지런히 눕혀 놓고

급히 따라나선 저승사자 손짓
손금 긋던 차창의 불안
그 마지막

영별은 그랬지
못 견딜 그리움 다발 지어 쏟아지는
그리움은 하늘과 땅 사이

간절

세월에도 삭지 않는 철딱서니
아마도 무슨 수를 부려라도
오지 않았을 여기다

불쑥불쑥 들이닥치는 음성
물끄러미 멀던 눈빛
외할머니와 내 엄마 손길
부질없음의 한 생애
구름에 고하던 통렬을

촉박한 세월 무얼 바라
타는 줄도 모르고 소진했나
땀방울 주름주머니 꿰차고
비단 행랑 구멍 난 줄 알았을까
허망 너머 아득한 시선

엄마네 가슴은 깡마른
빈털터리
하얀 바람옷마저 불길에 사위고
영원길 별이 되었나

그 등燈

아무리 불어도 꺼지지 않는
태양이 종일토록 그림자 키우는
빛불놀이

발바닥에 붙어 그림자로 퍼붓는 얘기
소리 없는 꽹과리
시려도 부셔도 감싸 도는 빛발

켰다 껐다
눈빛 크기만큼
잠겼다 건지는 등불놀이 한 생애
감고 뜨고

어머니 별
짐짓 기어오르는
노을 자락 손등이 붉다

숲의 숱

풍성한 유월 숲의 숱
햇살이 탐스럽게 흔들리는 사이로
엄마 얼굴 비집는다
자식네 숨결로 열리던 자동문
그 까꿍
여깄지! 함박 안아 주시던 웃음

숱 많던 시절
이제 보니 그 엄마 청춘이던 걸
엄마 자리 가둬 놓고
거기만 지키라 어쩌다 그리했나
엄니 하늘 부르는 안부

이제 그 젊은 엄마 음성
뛰어넘는 주름 세월
부르면 열리던 사랑 대문
하늘로 활짝
날마다 살펴 묻는 그 까꿍
숲의 이슬 엄마 눈물일라

봄 여울

냉잇국 봄 내음 코 박고 쩝쩝대던 수저
부엌 안방 아침상 여정
행주치마 폭
눈 뜨면 대령 누가 했나

책가방 신바람
아버지 출근길 빌던 아침 공양
소리 없는 기도 이젠 들리는 날
거실 나들이 물 한 모금 남겨 놓고

창밖 하늘 커다란 눈망울
얘야 아침밥 챙기고 나서거라
문틈 비집는 엄마 음성
목을 빼고 뛰어오르는 눈길

가깝고 먼 하늘
거기도 여기
아니듯 계시어 살피는 훈기
할게요 잘할게요

제6부
귀걸이 영상

빛의 이름

흰 바위 밀치고 솟아 낸
솔뿌리 단물
견줄 무엇 찾지 못할
빛의 이름이다

오롯한 이음
핏빛 울림이다

젖가슴 알알이 축을 내고
볼깃살 둥개둥개
마디마디 긁힌 안간힘

휘었는지 잦혔는지
부러져도 곧추서는
그저 온전한 사랑 빛

애초의 온기
빛의 이름
빛의 밭아
그 이름 불러

어머니
우리네 엄마
오직 한 사랑
세상 속 엄마씨를

네 있어

때때로 눈뜨는 볕뉘
푸르고 붉게 불붙듯
입고 누린 네 있음에
나 살아

별이 되고
달 되어
태양을 주고받는 눈빛
그걸 들깨웠지

천작天作의 상봉 몰라라 해도
너는 오직 삶이라 이르네

네 있어 얻고도 떠난 둥지
오직 한 이름
어미 자식
피 울음 이승에 젖는다

호사

구름이 하늘보다 크게 떴다
찢어져라 쭉지 펴는
새 떼들 발장단 흔적도 없다

숲이 터지게 뻗어 올리는 잎새의 춤
가슴에 뜬 눈망울 난다

먼 벗의 소식이 싱그럽고
손끝에 이는 추억의 갈퀴질
깡통 치마폭에 엉기는 속삭임

찻잔에 모이는 눈빛들
하늘이 내려와 청하는 차 빛의 속삭임

입귀에 걸린 시간 마중 귓속말 밝아
나는 듯 나오르는 찻자리를

엄마는 소꿉놀이하자 하셨지
싱겁다 하시며 어설피 즐기시더니
찻종 안에 구름 짓궂게 웃고 계시다

그 이름 2

귀 열지 않고 부르지 않아도
꽉 찬 허중
잊은 듯 멀다가도
급하면 어느 틈에 득달같이 입술 끝
엄마!

엎어져도 깨어져도 아쉬우면 톡톡
깨 털듯
수박씨 뱉듯
배꼽 상흔 흔드는
엄마야

곁인 줄 부르지!
하늘도 입안
눈물도 구름 비
요람 떠난 별나라 그 곁
달팽이관 울림 우리 엄마

흔들어도

흔들며 들이미는 연분홍 나비춤
무리 지어 좁은 숲길
그림자도 물든 꽃 내음 흥건하다

태아처럼 옹크리고 내다보는 창밖
아직은 쌀쌀해도
가슴에 이는 따사함

빠끔히 헤는 무작정

소리쳐도 뛰어들지 못한
한 발짝
봄볕 그림자 제가 밟고 찾는다

꽃무늬 양산 속 엄마
봄나들이 미소
불현듯 펼치고 피어난다

눈물 나다

달력을 넘기지 않아도
시간은 달려간다
계실 때보다
항상 더 곁이다

문득 부르면 까꿍
엄마 볕뉘 웃어도 울컥

얼마나 좋을까
지금이 그때라면
누구시기에 엄마를
신神 대신 보내고 데려가

하늘 전부
엄마 얼굴
구름 만들었나

가뭄에 콩 싹

하늘이 떨군 깡마른
콩 한 톨
바람 밀어 머리 드는 콩 싹

흙이 보듬고 얼싸
떡잎이 양손 들고 하늘을 본다
-엄마
세상이야 여기는-

여우비, 약비, 먼지잼
혀를 내밀어 적시는 목젖
이른 아침 이슬을 따
콩꽃 피워 부르는 벌 나비

가뭄의 끝가지에 맺힌 열매
콩깍지 굳게 닫아걸고
세상 포개며 흙을 떠날 때

콩알 한 톨 가는 곳 머리 볶는 외지
어느 만남 인연 지어 환생을 말할까

나도야

널 닮은 어제를
네가 좋아라 하기에
절로 흥겨워

날이면 날
달이면 달
해 오는 여울 녘

너처럼 내가 되어
나처럼 너를 보는
오롯한 이열

사랑 타령 불러가는
이삭놀이 기울 녘
붉빛 젖은 바람

어미 새 물고
공중 박치기
멋모를 때 높이 나는 사랑 나들이

대롱대롱

밤이슬 물고 늘어진 거미줄에
태양이 걸렸다

삼복이 숲을 에워 매미 떼 숨 고르는 아침
개미 발목 땀의 무게

구름에 걸어 놓고
산비둘기 우짖는 천만 울림에
햇살마다 꽂힌 여름빛

부릍는 열기 熱氣
참외 서리, 수박 서리
속속 맛 들이는 원두막

먼 기억 달려오는 유년의 대청마루
가랑머리 댕기 방긋거린다

땀방울 줄줄 그리움 대롱대롱
넉넉한 엄마 웃음
한여름 날의 꿈은 그대로 내 꺼

허발지게

지금도 산다
믿어 맞던 내일
얄망스런 헛칭찬에 팔려

유한의 풀숲 무한을 그리며
달랑이는 촌각
어디에 못질했나

별별 짓 별 꿈
죽도록 살아가는 뜀박질
생사가 다르랴 했지

사는 것 사라지는 당장
어둑한 시야
아우성 유전자 추적한다

걸음아 날 살려라
빚쟁이 세상 경주
네모진 세상 둥글 때까지

어미 젖 도지 떼어먹고
버틴 재롱둥이
참 세상은 인심도 좋다

돌연
- 출생신고 -

번갯불에 꿰뚫린 허공
젖은 빗방울로 헹궈라

천둥에 젖은 강아지 뛸 때
날개 젖은 새의 무리
훌쩍이는 가지 뒤에 얼굴 묻고
새가슴 움켜쥔 흐느낌

그리워 눈먼 거기로
젖은 깃 태양을 기다리는 동안
얼마나 많은 부싯돌을 비벼야 하는가
빛이 빛을 태워 내게로 올 때까지

데인 가슴 다시 화상을 입는다 해도
한 번은 그리 앓아도 후련할
긴 울음
불현듯 찾아 나서는 꿈같은 해후를

보고픔이 잠시 들러 갈
시야 밖 세상
심중의 토설 안으로 삼킨
이유야 이루 다 알 길 없을 아린 그리움

낳아도 만들 수 없는
그 속
가슴속 송사 탯줄 끊긴 그날로부터

속절

햇살을 뒤집는 이파리처럼
가벼운 하루
어제가 아득하다

미리 갈 수 없는 순간들이
수없이 닥치고
머문 자리 잠깐 두드려 보는
아찔

어느 틈에 여길
그리 멀던 하늘 이고 섰던
산봉
올라도 구름은 저 먼 하늘

달린 수고 어딜 갔나
먹은 마음 누가 채웠나
자고 새면 들뛰던 경주
녹아 흐른 저 강물

엄마 마음 같아라
달음박질 춤사위
으악새 우짖는 까닭
별길 뜬 엄마 시눙 울름케 하는가

귀걸이 영상

어금니 드러나는
기억의 햇살 사이로

-어머니 해골이 귀걸이 한 거 보셨어요-
-얜 해골이 어떻게 귀고릴 하니-
-봤거든요-

가을볕에 주홍 물감 알알이 물들 무렵
그날이 생각난 게다
온 가족 승용차와 버스 충돌

운전석 옆 작은애를 필사적으로
튕기듯 부둥키려다
눈을 떴을 땐 웅크린 아이

끌어안으니 피가 뚝뚝
절규하는 어미에게 외려
어머니 코피 코피 한다

근처 병원으로 이동
작은애와 어미가 부상을 입고
다행히 별 소견 없다는 큰애와 부친

어미는 뇌 사진을 찍히고
작은애와 법석을 치르고
입원했던 그날의 얘기다

X레이 필름 골격 두상 옆에 달랑한 끔찍!
그제야 웃음 짓는

자잘한 사건들이 앞마당 모란꽃 향기를
부른다

해골에 매달린 귀걸이를 누구라 보았을까
작은애의 어미 영상

달리던 택시

달리던 택시 벌컥 문 젖혀지는 돌발
-안돼!!-
튕기는 아이를 단숨에 가로챘다

운전대 잡은 괴력의 비명에 섞인
안도

호기심 많던 네 살배기 큰애가
말만 듣던
어미라는 기적의 힘을 보여 준 게다

운전기사 한숨 놓던 껄껄
어머니는 위대
위대하다던

아련한 타이베이 가도의
젊은 어미

고백

-아버지는 어머니 어디가
좋아서 결혼했어요-

피식
도주를 막는 다그침에
-다 좋았지-
-아니 말고요-

-어디요-
-그땐 눈-
-지금은 눈이 무서워요-

삼부자의 부딪는
눈웃음
지어미 눈꼬리

대문 앞

꼬리치던 멍멍이
엄마 음성 낯설다 짖어대면
-이것아 내가 네 주인 어미야-
웃으시던 입시울
앞마당에 함박꽃 향기 시려온다

간장 담그는 날 옆자리 지키며
-소금은 이렇게 녹여요-
굵은 채 받쳐 붓던 물소리 엄마바다 음성
연 날리듯 그때로 날아 어디쯤일까

싸늘도 더위도 적적을 채우는 엄마 생각
정오가 되도록 뚫어져라
창밖 서성이며 둥둥 나오르는 치대임

딸네는 늙을 줄 모르는
엄마의 밤송아리 뽀송한 솜털
미구의 기약 민들레 머리 풀고
부를 이름

〈해설〉

박송희 시인의 시 세계 2
물활론적 애니미즘의 시 정신

〈해설〉

박송희 시인의 시 세계 2
물활론적 애니미즘의 시 정신

강기옥(시인, 국사편찬위원회 사료조사위원)

머리말

 21세기를 앞둔 1999년에 발간된 『공자가 죽어야 나라가 산다』는 사회적으로 큰 파장을 일으켰다. 백여 년 전에 유학을 버린 일본이 선진사회로 진입한 예와 중국의 변화에 대해 한발 늦은 우리 사회의 가치관을 신랄하게 분석하여 새로운 길을 모색해야 한다는 의견을 제시했기 때문이다. 그러나 지금은 자아 중심주의가 유학의 도덕보다 우선하는 편리성 추구의 경향에 젖어 삼강오륜의 질서는 사라진 지 오래다. 다만 전통적 가치를 준수해 온 '낀 세대'들의 염려와 걱정이 있을 뿐이다. 그런 시류를 반영하듯 인터넷에 〈노년 유정〉, 또는 〈늙음의 미학〉이라는 시가 나돌고 있어 반가움에 홍보하고자 자료를 확인했다. 필자들이 출처를 『목민심서』라고 밝혔기에 『목민심서』를 꺼내 다시 정독했다. 그러나 아무리 뒤져도 없다. 누군가 석학의 글을 보완하여 교훈적 시로 각색한 가항시(街巷詩)였다. 작자 불명의 시지만, 의도하는 바가 잠언처럼 훌륭하여 사이버 공간을 달구고 있다. '부모 봉양이 책임인가 의무인가'를 따지는 이 세대를 교훈하듯 박송희 시인이 효는 책임도 의무도 아닌 일상이라는 '낀 세대'로서의 안타까운 마음을 모았다.

여섯 번째 시집 『엄마야 1』에 이은 일곱 번째 시집 『엄마야 2』에서도 어버이를 생각하는 지극한 효성이 나타나 있어 독자의 감정을 훑어 내린다. 어머니와의 대화 속에서 깨닫고 배운 가르침들이 이 시대에 주는 '낀 세대'의 유학적 메시지인 듯하여 안타까운 마음이 든다. 그 의미를 되돌아보기 위해 정체불명의 〈노년 유정〉, 또는 〈늙음의 미학〉을 감상해 본다. 박송희 시인이 엄마를 주제로 시리즈 시를 쓴 마음을 이해하기 위해서다.

밉게 보면 잡초 아닌 풀 없고,
곱게 보면 꽃 아닌 사람 없으니,
그대 자신을 꽃으로 보시게
털려 들면 먼지 없는 이
덮으려 들면 못 덮을 허물이 없으니,
누군가의 눈에 들긴 힘들어도
눈 밖에 나기는 한순간이더이다.
귀가 얇은 자는 그 입도 가랑잎처럼 가볍고,
귀가 두꺼운 자는 그 입도 바위처럼 무겁네.
사려 깊은 그대여!
남의 말을 할 땐,
자신의 말처럼 조심하여 해야 하리라.
겸손은 사람을 머물게 하고,

칭찬은 사람을 가깝게 하고,
너그러움은 사람을 따르게 하고,
깊은 정은 사람을 감동케 하나니.
마음이 아름다운 그대여!
그대의 그 향기에 세상이 아름다워지리라.
나이가 들면서 눈이 침침한 것은,
필요 없는 작은 것은 보지 말고,
필요한 큰 것만 보라는 뜻이요.
귀가 잘 안 들리는 것은
필요 없는 작은 말은 듣지 말고,
필요한 큰 말만 들으라는 것이다.
이가 시린 것은, 연한 음식 먹고
소화불량 없게 하려 함이고,
걸음걸이가 부자연스러운 것은,
매사에 조심하고 멀리 가지 말라는 것이리라.
머리가 하얗게 되는 것은,
멀리 있어도 나이 든 사람인 것을
알아보게 하기 위한 조물주의 배려이고,
정신이 깜박거리는 것은,
살아온 세월을 다 기억하지 말라는 것이니,
지나온 세월을 다 기억하면 정신이 돌아 버릴 것이니
좋은 기억 아름다운 추억만 기억하라는 것이리라.
바람처럼 다가오는 시간을 선물처럼 받아들여,
가끔 힘들면 한숨 한번 쉬고 하늘을 볼 것이라
멈추면 보이는 것이 참 많소이다.

- 노년 유정(老年有情) 전문 -

조금씩 차이가 있으나 대부분 위와 같은 내용이다.

노인의 여섯 가지 유쾌한 일로 1) 머리가 빠져 신경 쓸 일이 없는 즐거움(髮鬍良獨喜), 2) 이가 빠져 치통이 없는 즐거움(齒豁抑其次), 3) 눈이 어두워져 문자에 부담이 없는 즐거움(眼昏亦一快), 4) 귀가 먹어 시비 소리가 들리지 않는 즐거움(耳聾又次之), 5) 붓 가는 대로 구애받지 않고 마음대로 글을 쓸 수 있는 즐거움(縱筆寫狂詞), 6) 친구와 바둑을 두며 유유자적할 수 있는 즐거움(時與賓朋奕)을 쓴 장문의 시다. 특히 다섯 번째에 '나는 조선인이니 조선시를 즐겨 쓰겠다(我是朝鮮人 甘作朝鮮詩)'는 구절은 문학의 자주성 회복과 같아 눈길을 끈다. 제목의 효향산체(效香山體)는 다산이 71세에 향산거사 백거이(낙천)의 영향을 받아 썼다는 뜻이다. (效 -본받을 효)

유학의 가치가 절실한 시대의 흐름을 선도하려는 듯 박송희 시인은 가항시를 능가하는 시들을 모았다. 어버이의 희생을 되새기며 자신의 존재를 확인하는 실존적 사랑시라서 새록새록 가슴을 울린다.

시 감상의 실제

1. 「홍살문」에서 묻는 질문 「묻고 싶습니다」

박송희 시인의 「어머니는요」를 읽으면 다산의 〈육수〉와 이색의 〈노인십요(老人十撓)〉가 생각난다. 머리말에

〈노년 유정〉을 소개한 것도 그 때문이지만, 이색이 노인에게 나타나는 열 가지 증상을 기록한 『성호사설』의 인사문(人事門)은 다산의 〈육수〉보다 구체적이고 현실적이라 『엄마야 2』 감상에 도움이 되기에 먼저 감상해 본다.

   1. 白日頓睡 대낮에는 꾸벅꾸벅 졸음이 오지만
   2. 夜間不交睫 밤에는 눈썹이 붙지 않는다
     (잠이 오지 않는다.)
   3. 哭則無淚 슬퍼 울 때는 눈물이 나지 않는데
   4. 笑則泣下 기뻐 웃을 때에 눈물이 난다.
   5. 三十年前事總記得 30년 전에 일은 모두 기억하는데
   6. 眼前事轉頭忘了 조금 전 일은 기억조차 없다.
   7. 喫肉肚裡無 먹은 고기는 배 속에 들어가지도 못하고
   8. 總在牙縫裡 모두 이 사이에 끼기만 한다.
   9. 面白反黑 보얀 얼굴은 점점 검버섯으로 검어지는데
  10. 髮黑反白 검은 머리는 오히려 희어만 가니 **此太平老人袖中錦也** 이게 태평노인(太平老人)의 명담이 아닌가.

이색은 송나라 주필대(周必大)의 이로당시화(二老堂詩話)를 각색하여 10개 항목으로 제시하고 7문장으로 부연하여 이해를 도왔다. 성호와 다산의 글은 『엄마야 2』

를 이해하는 바탕이 되기에 먼저 소개했다. 이를 읽으면 박송희 시인이 왜 사랑시를 썼는지 알 수 있고, 이 시대의 전통문화를 회복하기 위한 선도적 작업에 머리가 숙여진다.

>아직도 말귀 어두운 마무리
>곁 하시는 배려 가슴에 안긴다
>툭하면 부르는 이름
>떠나 아니 계셔도 이 생전 그대로
>자장노래 아련하다
>눈빛 어린 회초리
>어려울 때마다
>파도를 가르는 말씀 말씀들
>어머니 뱃머리 알짱거린다
>쩌든 허리 괜찮다 곧추세워
>비집는 애틋
>비스듬히 흔드시던 손가락
>어깨 너머 시름 모두 어디에 숨겼을까
>늙마 딸애 치르는 도린곁 지켜 선
>하늘빛 구름놀이
>
>   -「어머니는요」-

이색이 〈노인십요(老人十拗)〉에서 밝힌 노인의 증상과 〈육수〉에서 보이는 현상이 중첩되어 나타난다. '아직도 말귀 어두운 마무리 / 곁 하시는 배려 가슴에 안긴다 // 툭하면 부르는 이름 / 떠나 아니 계셔도 이 생전 그대로 / 자장노래 아련하다' 1연과 2연에서 추억하는 어머니의 모습이다. 귀가 먹어 시비 소리가 들리지 않는 즐거움(耳聾又次之)은 물론 같은 말을 반복하는 어머니를 이해하지 못하면 짜증스러울 수도 있다. 그러나 〈노인십요〉의 증상을 이해하면 나이 들수록 점점 아이 같아지는 섭섭함도 오히려 안쓰럽게 받아들인다.

  3연에서는 마음이 푸근해진다. '눈빛 어린 회초리'는 귓등을 때리는 잔소리가 아니라 내 삶의 방향을 제시해 주는 말씀이라서 '어려울 때마다 / 파도를 가르는 말씀'으로 되살아나는 것이다. 자등명법등명(自燈明法燈明)과 같은 붓다의 말씀이나 '내 발의 등, 내 길의 빛'이라는 성경 말씀과 같은 가르침으로 되살아나는 것이다. 요즈음에는 친구 같은 모녀라고 하지만, 어머니 말씀이 들리는 듯 그리워하는 것도 어머니에 대한 효심이 있기에 가능한 일이다. 그래서 마지막 연의 '늙마 딸애 치르는 도린곁 지켜 선 / 하늘빛 구름놀이'가 그 깊이를 더해 준다.

  도린곁은 사람이 잘 다니지 않는 후미진 곳을 말한다. 그래서 어머니는 늙어 가는 딸의 후미진 곳까지 비추는 하늘빛 구름놀이라는 진술이 가능하다. 머물 듯 흘러가는 구름, 잡힐 듯 멀어져 가는 구름의 속성이 어머니라서 항상 멀리 있는 듯해도 가까이 있는 느낌이다. 그래서 어머니 같은 구름 속에 안겨 보는 것이다.

    하나 자식 열 삼았다는
    주섬주섬 모은 이 끄덩이 저 끄덩이

오롯이 우뚝하여
온갖 시름 동백꽃술 남겨 두고
홀연히 떠나
동구 밖 홍살문에 걸터앉아
아직도 기린 목 그대로 섰구나
    - 중략 -
아마도 오가는 길목 꼬불꼬불
놓인 뵈
잊은 듯 떠난 듯
바람이오 새 울음
별뉘오 태양
욺을 털어 지은 웃음
새끼 가슴 덥히는 동구 밖 청지기
    -「홍살문」2연, 4연 -

위 시「홍살문」을 이은「어미 유적」에서는 '어미 유적 답사 젖가슴 더듬이'라고 고백하더니 '열 달 태반동굴 벗어나 / 스스로 어미 되어 가는 같은 길'로 부연하고 '어미 생애 붙들고 늘어진 / 울음 반 웃음 반'은 겨우 어머니를 흉내 내는 정도라고 겸허해한다. 그러면서도 의문이 있다. 살아갈수록 궁금한 어머니 사랑, 그리고 대를 이은 어머니로서의 '나' 그 연결고리는 아직도 궁금하다.

하루도 혼자
이틀도 홀로 팽이 치는 종종걸음

엄마 부름 사무치는 까닭 깨우쳐 주세요
몰아친 속절 질척이는
삶의 여울
쩌든 자식 걱정
카네이션 오월의 하늘
다 엄마 눈빛이랍니다
날 낳은 엄마 속 묻는
이 세월
넌 네 아들 왜 두었니 하시겠지
- 「묻고 싶습니다」 전문 -

 엄마는 그렇다. 작업도 아닌, 삶 그 자체로서의 어머니는 홀로 팽이 치듯 종종 제자리를 맴도는 일상이다. 그렇게 뱅뱅 돌면서도 깨닫지 못한 엄마의 위상, 그래서 엄마가 더 그리워진다. '엄마 부름 사무치는 까닭 깨우쳐 주세요' 생각해 볼수록 어머니의 품이 그리운 순간이다. 곁에 없어도 언제나 함께 있다는 느낌, 관세음보살의 천수천안(千手千眼)이, 무소부재(無所不在)의 신과 같은 어머니의 존재감을 확인하는 순간에 떠오르는 반문, 그 속에 모든 답이 있다. '넌 네 아들 왜 두었니' 찰나의 지혜로 모든 것을 깨닫게 하는 법문과 같은 질문이다. 선문답을 주고받으며 깨닫는 선승과 같은 깨달음이 깜짝 번뇌를 씻어 간다.
 신은 곳곳에 머물러 있을 수 없어 대신 어머니를 보냈다는 탈무드의 말처럼 어머니는 신의 대리자로서 신과 동격이다. 그래서 외롭지 않으나 만족한 만큼의 저린 아품도 있다. 속절없이 질척이는 삶의 여울에서도 어머니를 생각하는 까닭이다. 오월의 하늘이 다 엄마 눈빛으로, 늘 함께 있다는 공존의 깨달음이 자식 걱정하는 어머니의 실상이다.

2. 「노을에 걸터앉아」 생각하는 「어미」

3부는 「노을에 걸터앉아」로 시작한다. 제목부터 쓸쓸한 노년의 분위기를 연상케 하지만, 전반(前半)부는 동심의 세계에 젖은 듯 밝다. 우선 '숲을 헤치는 붉빛'의 시어가 시각적 정감을 자극한다. '붉빛'은 사전에도 없는 박송희 시인만의 시어다. 사전적 의미로는 '붉은색'을 뜻하지만, 이 시에서는 '붉나무'의 단풍색을 가리킨다. 이어지는 '그늘진 신록 / 이내에 젖어 든다'는 구절이 그 의미를 부연하기 때문이다.

가장 빨리 단풍이 드는 낙엽 교목의 옻나무과인 붉나무는 열매를 오배자라 하여 짠맛이 있어 소금 대용으로 사용하기도 하고 열매를 이용하여 소금으로 만들어 식용하기도 한다. 더구나 피부병에도 효과가 있어 염부목(鹽膚木)이라 하기도 한다. 그늘진 신록이 붉나무의 붉빛으로 물들어 가는 무렵은 곧 노을빛이다. 산가를 거닐며 노는 것이 곧 노을에 걸터앉은 듯 붉나무 단풍철은 세상이 아름답다. 그래서 노을에 걸터앉은 노년이 아름다워야 한다.

'재잘재잘 동요 같은 / 아이들 운율'에 취해 지내다 보면 '어미 재촉'은 귀에 들어올 리 없다. '어느 때나 그래서 / 애 어른 딴 세상' 같지만, 언제나 '같은 울타리'에 살기 때문에 세월조차 잊어 '어미 재촉'도 모르고 지냈다. 그런 중에 자식을 챙기는 어머니의 추억을 회상하면서 가장 애틋한 상관물을 불러들인다. 어머니 향이 묻어 있는 숭늉이다. '이 저녁 / 머릿속 입맛'은 곧 어머니를 상징하는 심상이자 자신의 모습이기도 하다. 어느새 자신이 노을에 걸터앉아 어머니를 회상하는 나이가 되었다. 주객이 일치된 노년의 회상, 그래서 바로 뒤에 「어미」를 올렸다.

    피로 빚고
    뼈로 세워
    까맣게 잊은
    여인 청춘
    사랑 떨기 차지게
    빎으로 모아 간다
    문득 어깨 너머 단풍 숲
    노을 따라 멀어진 날
    허허로운 언덕
    휘날리던 치맛자락
    마른 장작 구겨진 살갗이다
    못 미치는 눈바라기
    오지 않을 기다림
    펑펑 쌓는 무소식 희소식
    그 숙명

              - 「어미」 전문 -

신사임당은 한시 「사친(思親)」에서 감정을 절제하지 못하고 절절히 그리움을 노출했다. 한시라는 격식이 있기 때문에 감정의 유로는 쉽지 않은데 박송희 시인의 「어미」는 현대시의 자유로운 운율 속에서도 서술어를 명사로 맺어 감정을 절제했다. 허허로운 언덕에 휘날리던 치맛자락이 마른 장작 구겨진 살갗처럼 보이는 시각적 이미지에는 애처로운 정감이 가득하다. 한바탕 울어도 후련하지 않을 속내는 '눈바라기', '기다림' '희소식' '숙명'의 명사로 감정을 차단하는 기법을 보였다. 가슴을 치며 우는 소리보다 웅숭깊은 속내를 참아 내는 울음이 더 깊은 서러움인 까닭이다.

'피로 빚고 / 뼈로 세워 / 까맣게 잊은' 여인의 청춘은 '사랑 떨기'를 '차지게 / 빞으로 모아 간다'는 희생의 사랑이 강릉의 친정어머니를 그린 사임당의 시를 연상케 한다. 「사친」의 마지막 미련(尾聯)에는 멀리 떨어진 어머니를 그리는 정감이 고조되어 있다.

千里家山萬疊峯 산들이 겹친 내 고향은 천 리건만
歸心長在夢魂中 돌아가고픈 마음 꿈속에 있네
　　－ 함련, 경련 생략 －
何時重踏臨瀛路 언제 다시 강릉길을 밟아가
綵服斑衣膝下縫 색동옷 입고 앉아 바느질할꼬

노래자의 고사를 인용한 구절이라 느낌이 절절하다. 칠순의 아들이 어머니 앞에서 색동옷 입고 춤을 추어 기쁘게 해 드렸다는 반의지희(斑衣之戱)의 고사다. 노년이 되면 어머니를 그리는 심정이 더 깊어진다는 속설을 시화(詩化)한 작품이라서 그 울림이 크다.

4부로 이어지는 「앓던 엄마」는 점층적 효과에 의해 주제의 깊이가 내면으로 파고들어 큰 울음을 참게 한다. 전술한 「어미」와 한 묶음으로 감상해도 좋은 작품이다.

> 열고
> 들어서는 바람 사이로
> 하늘이 들랑날랑
> 절기를 좇고 맞이한다
> 하늘도 나이 들고
> 몸이 마음을 키웠는가 했더니
> 그건 아니었나!
> 아프도록 고운 엄니 맘
> 하늘에 계시어 햇살 부신
> 눈시울 뜨겁다 핑계한다
> 　　　　- 「앓던 엄마」 전문 -

아프다 보면 문풍지 바람도 황소바람처럼 차갑고 무겁다. 그 느낌을 강조하기 위해 '열고'를 한 행으로 처리했다. 하늘까지 들랑거려 절기가 문을 열고 닫는 사이에 이루어져 세월이 허무하다는 것을 강조하기 위함이다. 그 세월의 아픔을 참고 지내는 사이에 '하늘도 나이 들'었다는 표현은 오랫동안 가슴에 숙성시켜 살려 낸 시어라서 탁월하다. 아프게 나이 들어가는 어머니 대신 하늘이 나이 들어갔다는 대유적 기법이 아쉬움을 사물에 쏟아 내는 카타르시스의 효과를 누렸다.

  대유적 감정의 발산은 2연의 마지막에서도 반복된다. '아프도록 고운 엄니 맘 / 하늘에 계시어 햇살 부신 / 눈시울 뜨겁다 핑계한다'는 진술이다. 시는 거짓으로 참을 말한다는 의미가 이 구절에서 확인된다. 주제를 드러내기 위해 여러 가지 비유법을 사용하지만, 이 시에서 사용하는 통 큰 대유는 시적 효과를 높이는 데 아주 효과적으로 작용한다.

    차마 마음 놓아 부를 수 있을까
    살수록 민망하여
    외칠수록 기어드는 목울대
    하늘일까 바다일까
    망아지, 청개구리
    그게 자식네 속이라시더니
    어미 된 지 반백 넘어도
    그 뜻 헤이지 못해
    거미줄 너머 터럭의 뿌리
    달무리 휘젓는다
    녹아내린 미소의 뒷자락
    구름이 그리는
    이승의 메아리
    젖 내음 땀 내음
    노을빛 아련한 체취
    마디마디 웃음 속 근심이었지
    엄마 자리

엄마 숙명
엄마 이름 곰삭히는 저 하늘빛
- 「그 이름」 전문 -

 전술한 「어미」에서도 숙명을 얘기했다. 운명은 피할 수 있지만, 숙명은 피할 수도 바꿀 수도 없는 불변의 천명이다. 어머니와 내가 모녀 사이인 것은 바꿀 수 없는 진실이기에 숙명적일 수밖에 없다. 그래서 「그 이름」에서는 '엄마 자리'가 '엄마 숙명'이듯 내 자리는 내 숙명이라는 것을 역설(逆說)한다.
 어머니라는 숙명으로 모든 것을 희생하며 살았기에 차마 마음 놓고 부를 수도 없는 경외감에 잠긴다. 그래서 '살수록 민망하여 / 외칠수록 기어드는 목울대'로 아픔을 절제했다. 시에서 서술어의 명사적 맺음은 함축적 의미를 더해 주는 동시에 의도하는 바의 깊이를 더하는 특징이 있다. 박송희 시인은 이 명사적 서술어의 기법을 적절히 구사한다. 심지어 부사조차 명사로 변환하여 효과를 노린다. 목울대에 머무는 회한은 청개구리 심리였던 지난날이 원인이었음을 고백한다. 그러나 그것마저 너그러이 인정했던 어머니의 속내가 얼마나 아프셨을지 헤아리게 한다.
 '로미오와 줄리엣 효과'라는 심리학 용어를 우리말로는 '청개구리 심리'라 한다. 반항적 기질이 오히려 사랑에 더 깊게 빠져들게 한다는 역설의 심리를 말한다. 사춘기의 반항심리를 '청개구리 심리'에 적용하면 어머니에 대한 아픔은 배가될 수밖에 없다. 그래서 어미가 되어 반백 년이 지났어도 어머니의 그 뜻을 헤아리지 못한다고 고백한다. 그것도 아픔이자 회한이다.

이 시에서 가장 애절하게 가슴을 울리는 아픔은 '노을빛 아련한 체취'로 살아나는 부분이다. '구름이 그리는 / 이승의 메아리' 속에 젖 내음 땀 내음 젖은 모습으로 떠오르는 그 모습들이 '마디마디 웃음 속 근심'이었다는 속 깊은 울음으로 살아나기 때문이다. 그 뜻을 알만 하기에 '엄마 자리 / 엄마 숙명'이고 내 자리 내 운명일 수밖에 없어 차마 엄마 이름을 부를 수 없는 것이다. '엄마 이름 곰삭히는 저 하늘빛'에 대한 반성과 회한이 그 이름 속에 잔잔한 울림으로 흐르는 것이다.

아버지의 눈에는 눈물이 보이지 않으나
아버지가 마시는 술에는 항상
보이지 않는 눈물이 절반이다.
　　　　　- 김현승의 「아버지 마음」 중 일부 -

세상이 시끄러우면 / 줄에 앉은 참새의 마음으로 / 아버지는 어린것들의 앞날을 생각한다. / 어린것들은 아버지의 나라다. 라는 김현승의 시구를 떠올리게 하는 「그 이름」에는 더 절실한 사모곡의 의미가 숨어 있다. 차마 부를 수 없는 이름, 「그 이름」.

3. 「이제야」 깨달은 의미

앞선 부분에서도 어머니 사후의 정감을 노래한 시가

많이 있으나 특히 「시간 일주」로 시작하는 5부에서는 주로 어머니의 임종 이후에 느끼는 아쉬움과 허무감이 많이 나타난다. 「그 이름」에서는 차마 부를 수 없는 이름이었지만, 이어지는 「이제야」에서는 제대로 부르는 대상으로 바뀐다. 그러나 그것은 임종에서 부르는 안타까운 이름이다.

'어머니' '엄마'는 보통명사지만, 이 시에서는 대명사적 고유명사처럼 사용한다. 마음으로부터 부르는 심격(心格)의 호칭으로 부르는 이름이다. 그래서 박송희 시인이 아예 '무언의 임종 / 부르짖는 이름 / 엄마아'라는 안타까운 도입으로 시상을 열었다.

> 무언의 임종
> 부르짖는 이름
> 엄마아
> 식지 않은 두 볼이 파르르 떨려도
> 닫혀 버린 차가운 입술
> 살아생전 애석 다아 포개 덮은 두 손
> 단전에 얹고
> 몰라 어찌 가랴던 초행길
> 멍에 문신 걸머지고
> 숨 쉬듯 그렇게 까막까치 깃
> 부여잡고 종이 인형같이 누웠어도
> 하얀 까치 손을 빌려
> 마지막 임종 수락하신
> 이승의 마지막 배려였지

뒤늦은 이 밤에야 그 임종 후려치는 절규
그 하염없을 사랑 발견
목멘 하늘에 고하는
여긴 아직 사바, 이리 넋답니다
하늘 가득 내 어머니 맥박이 뛰어요

－「이제야」 전문 －

  시는 오랜 세월 동안 음악성을 존중하여 회화성이 간과되었다. 특히 우리나라에서는 시조나 가사풍의 전통 운율과 김소월의 민요적 리듬을 중시하는 시가 주조를 이루다가 에즈라 파운드를 중심으로 한 이미지즘이 근대문학사조의 주류를 이루어 우리 문학에서도 회화시를 중시하는 경향으로 기울었다. 심지어 시적 의미를 살리고 주제를 드러내기 위해서 청각의 시각화, 시각의 청각화 등 공감각적인 기법까지 동원하기에 이르렀다.

  박송희 시인의 「이제야」는 임종을 맞는 순간의 장면들이 그림처럼 전개된다. 볼이 파르르 떨리는 순간의 시각적 감각이나 차가운 입술의 촉각적 심상, 임종 후려치는 절규의 청각적 심상 등이 한 편의 그림처럼 처연한 장면을 그려 내고 있다. 철저히 회화시 기법을 전개하기 위한 의도라기보다는 어머니 임종의 순간을 생생한 기억으로 살려 내기 위한 방법이다. '체험하지 않은 것은 시로 쓰지 않는다'는 릴케의 체험주의적 시 쓰기가 얼마나 실감 있는 시로 살아나는가를 보여 주는 실례다.

  4연의 '하얀 까치 손을 빌려 / 마지막 임종 수락하신 / 이승의 마지막 배려였지'는 의사의 손을 잡고 편안히

눈을 감는 장면이다. 그래도 '하늘 가득 내 어머니 맥박이 뛰어요'에서 보여 준 어머니에 대한 마지막 기대는 애처롭게 독자를 끌어들인다. 그것은 아직 죽지 않은 듯한 느낌과 하늘나라에 살아 있으리라는 기대감이 불교적 윤회의 영원한 삶을 기원하는 바람이다. 물활론의 애니미즘이 하늘에까지 연장된 종교 사상의 확장으로 나타난 것이다. 그 염원은 6부의 「그 이름 2」로 이어져 '요람 떠난 별나라 그 곁 / 달팽이관 울림 우리 엄마'로 귓속에 살아난다.

> 귀 열지 않고 부르지 않아도
> 꽉 찬 허증
> 잊은 듯 멀다가도
> 급하면 어느 틈에 득달같이 입술 끝
> 엄마!
> 엎어져도 깨어져도 아쉬우면 톡톡
> 깨 털 듯
> 수박씨 뱉듯
> 배꼽 상흔 흔드는
> 엄마야
> 곁인 줄 부르지!
> 하늘도 입안
> 눈물도 구름 비
> 요람 떠난 별나라 그 곁
> 달팽이관 울림 우리 엄마
>
> - 「그 이름 2」 전문 -

생명의 경외감은 존경의 경외감으로 확산한다. 위대한 인물의 이름을 함부로 부를 수 없듯 어머니도 경외감에 이르면 함부로 부를 수 없다. 신과 동격이기 때문이다. 그런데 박송희 시인은 「그 이름」에서 함부로 부를 수도 없는 이름을 각 연마다 엄마를 부른다. 그것도 1연에서는 '엄마!' 2연에서는 '엄마야' 3연에서는 '우리 엄마'다. 감정의 심화가 호칭의 변화로 나타난다. 급하면 어느 틈에 툭 터져 나오는 호칭이 엄마다. 이때의 엄마는 절대자로서 신과 같은 존재다. 2연에서는 세상살이를 가르치는 엄마상이다. 자립의 교육, 깨 털 듯, 수박씨 뱉듯 어떤 어려움도 이겨 내라는 교육자로서의 엄마다. 3연에서는 이승에 안 계시는 어머니의 울림이 항상 귓가에 맴돌아 울림으로 들리는 엄마다. 즉 나와 동행하며 나와 같이 있는 무소부재의 엄마다. 그래서 이제는 부를 수 없는 이름이 아니라 더 친숙하고 더 가까워진 내 안의 엄마, 나를 지켜보는 엄마다.

그 엄마는 「흔들어도」에서 '꽃무늬 양산 속 엄마 / 봄나들이 미소 / 불현듯 펼치고 피어난다'로 사물로 살아난다. 엄마의 영혼이 곳곳에 온 사물에 살아 있는 애니미즘적 물활론의 재확인이다.

　　달력을 넘기지 않아도
　　시간은 달려간다
　　계실 때보다
　　항상 더 곁이다
　　문득 부르면 까꿍

엄마 볕뉘 웃어도 울컥
얼마나 좋을까
지금이 그때라면
누구시기에 엄마를
신神 대신 보내고 데려가
하늘 전부
엄마 얼굴
구름 만들었나
- 「눈물 나다」 전문 -

 달력을 뜯어낸다고 세월이 가는 것도 아니고 달력을 그대로 놓아둔다고 해도 세월이 멈추는 것도 아니다. 세월의 속성을 지적하는 시구 속에는 '저 시계는 고장도 없다'는 유행가 가사의 무상함이 담겨 있다. 문제는 세월이 가도 가신 어머니는 항상 더 곁에 있다는 느낌이다. 더구나 '문득 부르면 까꿍 / 엄마 볕뉘 웃어도 울컥' 한다는 느낌이다. '볕뉘'는 1) 작은 틈을 통하여 잠시 비치는 햇볕. 2) 그늘진 곳에 미치는 조그마한 햇볕의 기운. 3) 다른 사람으로부터 받는 보살핌이나 보호의 3가지 뜻을 지닌 단어다. 더구나 볕은 '해가 내리쬐는 기운'으로 온기가 있는 상태를 나타낸다. 빛이 밝음을 뜻하는 데 비해 볕에는 따뜻한 기운이 있어 더 정감이 살아 있다. 그러므로 '엄마 볕뉘'는 이승의 딸을 위해 볕과 같은 존재로 웃음을 건네며 찾아오는 대상이다. 새삼 느끼는 어머니의 온기, 그러나 그 반가움은 이내 목울대를 넘지 못하고 울컥대는 가슴을 아쉬움으로 달래야 한다.『엄마야 2』를 짙게 관통하는 사후 어머니에 대한 정감을 강하게 드러낸 시다.

> -아버지는 어머니 어디가
> 좋아서 결혼했어요-
> 피식
> 도주를 막는 다그침에
> -다 좋았지-
> -아니 말고요-
> -어디요-
> -그땐 눈-
> -지금은 눈이 무서워요-
> 삼부자의 부딪는
> 눈웃음
> 지어미 눈꼬리
>
> -「고백」전문 -

    그리스 신화의 오이디푸스 왕에 대한 이야기는 프로이트가 아들과 어머니의 관계를 연관 지어 '오이디푸스 콤플렉스'라는 심리학 용어로 정의했다. 그러자 칼 융이 미케네의 공주 엘렉트라와 아버지 아가멤논에 관한 이야기를 바탕으로 '엘렉트라 콤플렉스'라는 대립개념을 만들어 냈다. 모자(母子)와 부녀(父女) 사이의 호감도를 비정상적 신화의 터무니없는 이야기에 적용했으나 어느 정도 수긍되는 면이 있어 호기심을 자극하기도 한다. 2,500년 전에 지은 소포클레스의 비극이 현대 문명에

까지 영향을 미치는 것은 인간 본연의 삶을 주제로 했기 때문이다.

박송희 시인 역시 그동안의 삶 속에서 생명의 근원이자 사랑의 원천으로서의 어머니를 노래했다. 그 정점은 「달리던 택시」에서 극화했다. '호기심 많던 네 살배기 큰애가 / 말만 듣던 / 어미라는 기적의 힘을 보여준 게다'라는 안도의 한숨은 큰 사고를 방지한 어머니의 위대함을 증명했다. 그렇게 어머니에 대한 사랑은 '모녀 콤플렉스'라 할 만큼 진지하게 나타나 있지만, 아버지에 대한 사랑은 크게 드러내지 않았다.

세계적으로 어머니날은 어버이날이라 하듯 '어머니'라는 용어에 '아버지'를 포함한 어버이로 해석해도 무방하다. 그 아쉬움을 보완하려는 듯 「고백」에서 해학적으로 부부의 사랑과 아버지의 위상을 확인한다. 어머니의 눈이 좋았다는 고백에 아버지의 첫눈에 담긴 그 눈이 이제는 무섭다는 해학으로 오래된 사랑을 확인한다. '지어미 눈꼬리'는 곧 예전 아버지의 사랑을 확인하는 대상으로 시화했다. 사랑은 그렇게 단순하고 해학적인 감정이면서도 오래 곰삭을수록 아름다운 대상인 것이다.

맺음말

세월이 흘러도 글은 곧 그 사람이라는 말은 글 속에서 그 사람의 인격과 직업과 나이 등을 읽을 수 있다는 의미다. 『엄마야 2』에 나타난 박송희 시인의 시심을 통해 그동안 어떻게 살았고, 어떤 감성으로 이끌었으며,

어떤 가치관으로 세상을 보는지 알 수 있었다. 전각(篆刻)과 다도(茶道) 등 전통문화에 심취한 것이 문학적 소양의 바탕이 되었지만, 무엇보다도 따뜻하고 자상한 심성이 '엄마 시리즈'의 시를 엮어낼 수 있었다고 확신한다. 그 바탕이 있기에 시가 따뜻하고 공감할 수 있는 정감이 묻어 있는 것이다.

박송희 시인의 세대는 부모님을 열심히 봉양하고 자식을 위해 모든 것을 희생하면서도 내 자신의 노년을 준비하지 않은 양다리 희생의 세대다. 주는 것으로 행복하고 만족하게 웃을 수 있는 양다리 희생의 세대. 그들을 세상은 낀 세대라 한다. 그러나 이 시들을 읽으며 느낀 것은 낀 세대가 아니라 양쪽으로 희생한 세대의 '양생 세대'였다.

위아래 양쪽으로 희생하며 행복을 누렸던 세대. 그 속에서 행복을 찾고 시심을 누린 박송희 시인께 박수를 보내며, 더불어 양생 세대를 꼰대라는 시쳇말로 비아냥거리지 않기를 제안한다.

「출생신고」에서 시화한 것처럼 앞 세대든 뒤 세대든 번갯불에 허공이 뚫리는 절박했던 고통 속에서 태어났다. 이 세상 다하는 날까지 모두가 공존의 행복을 나누는 '양생 세대'가 되기를 간절히 소망해 본다.

2024년 3월 10일 문형산 기슭 천수재에서
샘물 강기옥

박송희 일곱 번째 시집
엄마야 2

제1판 1쇄 인쇄 · 2024년 3월 25일
제1판 1쇄 발행 · 2024년 3월 30일

지은이 · 박송희
펴낸이 · 이종기
펴낸 곳 · 세종문화사
편집 주간 · 김영희

주소 · (03740)
　　　서울 서대문구 통일로 107-39, 223호
　　　E-mail: eds@kbnewsnet
전화 · (02)363-3345, 365-0743~5
팩스 · (02)363-9990

등록번호 · 제25100-1974-000001호
등록일 · 1974년 2월 1일

ⓒ 박송희 Printed in Korea
E-mail: mago571@daum.net

ISBN 978-89-7424-200-8　03810

값 13,000원